Mon premier
ROMAN DE L'AVENT

Le Noël des ANIMAUX

Claire Renaud
Margaux Moineau

AUZOU

BIENVENUE !

Voici un roman pour t'accompagner jusqu'à **Noël** !

Chaque jour du mois de décembre et jusqu'au réveillon, aide-toi d'une règle pour découper les pointillés et **ouvrir le chapitre du jour,** comme avec un **calendrier de l'Avent** !

Tu découvriras alors un nouveau chapitre de l'histoire, à lire seul(e) ou avec un adulte. **C'est toi qui décides** !

BONNE LECTURE !

1ER DÉCEMBRE

LE PLAN DE PATAPIN

— Un peu de silence, s’il vous plaît !

Patapin le lapin tape du pied aussi fort qu’il le peut sur le rocher qui trône au milieu de la clairière de la forêt.

Mais personne ne l’entend : les animaux réunis font tellement de bruit !

Il y a là des biches, des sangliers, des oiseaux, des souris, des écureuils, tout ce que la forêt compte d'habitants, petits et grands.

— Mes amis, ho ho, écoutez-moi ! s'époumone Patapin, sans succès.

— SILEEEEENCE !!! hurle Alphonse l'ours brun. On écoute Patapin !

Le calme se fait immédiatement.

On n'aime pas contrarier Alphonse, il a très mauvais caractère !

— Alors voilà, reprend le lapin en s'éclaircissant la voix. Nous sommes le 1er décembre et Noël, c'est dans 24 jours. L'année dernière, nous avons commencé les préparatifs bien trop tard. Résultat, le sapin était de travers, les chants étaient faux et nous n'avions pas assez à manger pour le repas... Cette année, il faut mieux s'organiser !

Tous les animaux acquiescent. C'est vrai que le Noël de l'an passé, c'était un peu limite ! Roger le sanglier avait encore faim en sortant de table, il s'en souvient !

— Oui, il faut organiser un Noël magnifique ! s'écrie quelqu'un.

Les animaux applaudissent et crient de joie, surtout les enfants !

Quant à Alphonse, il ronchonne à l'écart...

2 DÉCEMBRE

UN OURS GROGNON

Le lendemain, chacun se met à la tâche.

On commence par un grand ménage de la forêt : les castors coupent les branches mortes, les sangliers déplacent les troncs, les écureuils passent le balai avec leur queue... bref, tous les animaux trouvent quelque chose à faire.

Tous, enfin presque !

Seul l'ours Alphonse joue au bilboquet, assis sur un gros tronc d'arbre.

— Ben alors, Alphonse, tu ne participes pas ? Tu t'es cassé une patte ou quoi ? demande un castor.

— T'as un chêne dans la main ? plaisante un autre.

— Tu t'es cassé une griffe ? s'amuse un troisième.

— Non, grogne fort Alphonse. J'aime pas Noël !

Dans la forêt, chacun interrompt sa tâche. Quelqu'un qui n'aime pas Noël, ça existe ?

— Tu plaisantes, papa ? demande Antonio, le fils d'Alphonse.

— J’ai l’air de rigoler ? rétorque l’ours bougon. Noël, c’est nul ! C’est le moment où nous hibernons et il y a trop de bruit… Toute cette agitation pour une seule journée… c’est n’importe quoi !

Les animaux se regardent, interloqués.

— D'ailleurs, ma famille et moi, nous ne serons pas là pour Noël ! Nous passerons le réveillon en hibernation dans une grotte. Car c'est un jour comme les autres, voilà tout !

Noël sans les ours ? Mais ce n'est pas possible !

Et Antonio qui adore cette fête, comment va-t-il faire ?

3 DÉCEMBRE

MISSION NOËL !

Aujourd'hui, les enfants se sont donné rendez-vous sur le lac gelé pour faire du patin. Ils s'amusent comme des petits fous. Tiroger le sanglier glisse sur son derrière, les loutres s'allongent sur le dos, les écureuils se sont fait des skis avec des branches.

Ça crie, ça glisse, ça hurle de joie !

— Où est Antonio ? demande Petipatapin. Il aime tant patiner !

— Le voilà qui arrive, murmure Piou la petite mésange.

Antonio, le fils d'Alphonse l'ours ronchon, traîne des pattes. Il s'assoit au bord du lac. Il n'a aucune envie de rejoindre ses amis... Il est triste comme une boule de neige qui fond.

— Qu'est-ce qui t'arrive ? lui demande Tibou. D'habitude, tu es le premier sur la glace ! Et tu patines comme personne !

— Je n'ai pas le cœur à patiner, soupire Antonio. Je suis trop triste !

— Mais pourquoi ?

— Parce que j'aimerais tant que mon père aime Noël, et qu'on puisse le fêter avec vous tous !

Et Antonio se met à pleurer. Petipatapin a alors une idée :

— Tu sais quoi ? On va organiser un Noël si extraordinaire que ton père va aimer Noël pour toute sa vie. Le plus inoubliable, le plus réussi des Noëls ! On te le promet !

Et tous les enfants se tapent dans les pattes pour sceller leur pacte.

Antonio sourit entre ses larmes gelées.

Faire aimer Noël à Alphonse, d’accord ! Mais comment ?

4 DÉCEMBRE

LE GOÛT DES BONNES CHOSES

Dès le matin, les écureuils passent à l'action !

Dans le grand chêne de la forêt, ils courent de branche en branche, de haut en bas, pour réaliser le meilleur des mets de Noël : des noisettes grillées enrobées de caramel.

— Attention, dit Suzanne, la maman écureuil. Il faut les garder pour le soir de Noël ! C'est bien compris ?

— Oui, oui ! répondent les enfants.

Ils s'installent dans la cuisine pour fabriquer le caramel. Du beurre, du sucre, et on touille jusqu'à ce que le mélange prenne une belle couleur dorée.

Une délicieuse odeur s'échappe par la fenêtre, tous les animaux en salivent d'avance !

C’est à ce moment-là qu’Antonio, aidé par Petipatapin, emmène son père comme par hasard au pied de l’arbre.

Le nez de l’ours grognon se met à frétiller...

— Hum, ça sent bon par ici, je peux goûter ?

— Bien sûr, répond Suzanne en faisant un clin d’œil à Antonio.

Alphonse croque dans la noisette et toute son enfance lui remonte en mémoire : les pique-niques dans la forêt avec les copains, les longues balades avec son grand-père...

— Je peux en avoir une deuxième ? demande-t-il, ému.

— Non, il faudra être là à Noël pour pouvoir en manger d'autres ! dit-elle en riant.

Alphonse hausse les épaules et repart en bougonnant :

— Et puis quoi encore !

5 DÉCEMBRE

Noisettes caramélisées
- noisettes
- sucre en poudre
- beurre
- eau
- sel

LA CHORALE DE NOËL

L'après-midi est radieux. Le soleil chauffe de ses rayons les arbres enneigés. Les enfants jouent à cache-cache. Petipatapin compte jusqu'à 100 et se met à chercher tous les copains.

— Attention, j'arrive ! crie-t-il. Où êtes-vous ?

Mais à peine a-t-il fait quelques pas qu'il trouve son ami ours :

— Antonio, tu es si mal caché, je vois tes oreilles et tes grandes pattes !

L’ourson baisse la tête. Il n’a pas le cœur à jouer... Tous ses amis sortent de leur cachette et viennent l’entourer.

— Mon père n’a pas changé d’avis : je ne passerai pas Noël dans la forêt avec vous. Je suis si triste...

Le cercle se resserre autour du petit ours pour le consoler.

— J'ai une nouvelle idée, annonce d'un coup Piou. On va lui chanter un joli chant de Noël et il sera subjugué ! Tu vas voir, la musique a un pouvoir magique !

Piou fait répéter ses amis. Quand tout le monde est prêt, elle va chercher Alphonse. Un, deux, trois, les animaux se mettent à chanter en chœur « Mon beau sapin ».

— C'est joli, ça...

Papa ours chantonne et dodeline de la tête.

Quand le concert est fini, Alphonse repart chez lui en sifflotant et en se dandinant...

— Je pense que c'est gagné ! se réjouit la mésange en tourbillonnant dans les airs.

6
DÉCEMBRE

Mon beau Sapin
Noisettes caramélisées
- noisettes
- sucre en poudre
- beurre
- eau
- sel

ÇA SENT LE ROUSSI...

Mais le lendemain, Alphonse campe sur ses positions : pas question de passer Noël avec les autres animaux, même si les chants sont jolis et les noisettes bien bonnes ! Il commence même à préparer les réserves de nourriture et les couvertures pour hiberner...

Mais Irène, la maman d'Antonio, ne l'entend pas ainsi ! Elle a l'habitude des mouvements d'humeur de son mari, et elle sait qu'il vaut mieux laisser passer l'orage, tranquillement.

Alors, elle décide de fabriquer des petits sablés de Noël. Elle prépare sa pâte en chantonnant. Des œufs, de la farine, du beurre, du sucre, elle mélange tous les ingrédients.

Alphonse n'est pas content :

— Je voudrais qu'on fasse les bagages, pas de la pâtisserie !

Irène ne répond pas et continue sa préparation. Puis elle la roule et y enfonce des petits emporte-pièces de toutes les formes : étoiles, sucres d'orge, sapins, comme ils vont être beaux, ces petits sablés !

Les enfants, pendant ce temps, ont sorti un puzzle de Noël qui représente la forêt sous la neige. Antonio et son frère commencent à assembler les pièces. Pour Alphonse, c'en est trop :

— Puisque même ma famille refuse de venir avec moi, je pars tout seul passer Noël dans une grotte !

Et l'ours bougon quitte la maison.

7
DÉCEMBRE

Mon beau Sapin
Noisettes caramélisées
- noisettes
- sucre en poudre
- beurre
- eau
- sel

OÙ EST ALPHONSE ?

Irène n'a pas dormi de la nuit, pas plus que ses petits. Alphonse n'est pas rentré, il s'est enfui dans la forêt.

Patapin réunit une nouvelle fois tous les animaux dans la clairière.

— Mes amis, l'heure est grave, Alphonse a disparu ! Il faut le retrouver. Organisons-nous par groupes, et allons aux quatre coins de la forêt. Le premier qui aperçoit notre ours siffle le plus fort qu'il peut.

Les recherches commencent. Chaque grotte, chaque tronc d'arbre, chaque terrier est inspecté. Mais l'ours demeure introuvable...

Les heures avancent, sans résultat ! Antonio est très inquiet : et si on ne retrouvait pas son papa ?

Mais soudain, on entend un sifflement strident. C'est la mésange qui s'époumone :

— J'ai trouvé l'ours, tout là-haut, dans la grotte des cyprès. Venez m'aider !

Tous les animaux accourent en quatrième vitesse.

— Il est là, au fond. Il ne bouge pas, j'ai vérifié, annonce Piou.

Patapin entre le premier, s'approche d'Alphonse étendu et touche son museau : il est tout froid !

— Aidez-moi, il faut le frictionner.

Chacun se met à frotter le corps de l'ours de toutes ses forces. Roger en devient tout rouge à force de s'activer !

Enfin, Alphonse ouvre un œil. Ouf, il est sauvé !

Mais que s'est-il passé ?

8 DÉCEMBRE

Mon beau Sapin
Noisettes caramélisées
- noisettes
- sucre en poudre
- beurre
- eau
- sel

GRAND COUP DE FROID

Pour ramener Alphonse chez lui, ses amis lui ont fabriqué un grand brancard en branches de sapin. Ils l'ont posé dessus, non sans mal, car Alphonse est bien costaud : il adore les gâteaux au miel ! Ils l'ont ensuite transporté jusque chez lui. Ho ! hisse ! Roger le sanglier a sué à grosses gouttes.

Là encore, il a fallu installer l'ours dans son lit. Ho ! hisse !

Mais depuis, Alphonse ne va pas bien...

Il a de la fièvre, il a très chaud ou très froid, il tremble, il claque des dents et transpire

à grosses gouttes. Et il tousse si fort qu'on l'entend à l'autre bout de la forêt !

— Il a pris froid, diagnostique le vieux hibou après l'avoir ausculté.

— Que faut-il faire, docteur ? demande Irène, inquiète.

— Il a besoin de calme, de repos, et d'une tisane spéciale toutes les heures. Je vais vous donner la recette...

Aussitôt, Antonio et ses amis partent à la recherche de ces précieux ingrédients : le miel, ce n'est pas compliqué, les abeilles le donnent volontiers !

Pour la sauge et le thym, heureusement qu'il y a Tibou : il est très doué en plantes médicinales. Plus tard il sera le docteur de la forêt, comme son père.

Pourvu que la tisane fasse effet !

9 DÉCEMBRE

Mon beau Sapin
Noisettes caramélisées
- noisettes
- sucre en poudre
- beurre
- eau
- sel

UNE BELLE SURPRISE

Alphonse va un peu mieux !

La tisane n'est pas sa tasse de thé : Irène a dû insister pour qu'il en avale toutes les heures ! Mais, ce matin, la toux est moins forte et la fièvre a baissé.

— Comment tu te sens, papa ? demande Antonio.

— Ça va, ça va, ne t'inquiète pas. Je suis encore un peu groggy, mais dans une heure je suis dehors ! Je n'aime pas rester au lit !

— Holà ! rétorque l'ourse. Le hibou a dit que tu devais rester ici au chaud !

— Mais je m'ennuie ! rouspète l'ours.

— Il faut que tu te reposes !

Alphonse retourne sous sa couette en bougonnant.

Alors Antonio a une idée. Il court faire le tour de ses amis et leur demande de l'aide.

Tout le monde est d'accord !

Le soir, Antonio rejoint son père et lui dit :

— Je vais t'aider à te lever, papa, j'ai une belle surprise pour toi !

Alphonse s'appuie sur son petit ours et sur sa grande ourse et, ensemble, ils vont jusqu'à la porte, qui s'ouvre doucement.

Et là, sous les yeux éblouis d'Alphonse, la forêt s'illumine !

C’est comme si mille petites lumières l’éclairaient ! Les amis du petit ours sont allés chercher des lucioles. Elles brillent un peu partout dans le noir.

Alphonse est bouleversé par toute cette beauté !

10 DÉCEMBRE

Mon beau Sapin
Noisettes caramélisées
- noisettes
- sucre en poudre
- beurre
- eau
- sel

OPÉRATION DÉCORATIONS !

Alphonse va mieux mais sa tête lui tourne un peu, et il doit se reposer. Installé dans son fauteuil, il dort profondément.

Petipatapin, qui passe par là, l'entend ronfler. Il entre dans la maison sur la pointe des pattes.

— Tu sais ce qu'on pourrait faire, Antonio ? glisse-t-il à l'oreille de son ami. On va profiter de son sommeil pour lui préparer quelque chose qui lui fera vraiment aimer Noël ! On va tous décorer la maison !

Les écureuils dénichent des pommes de pin qu'ils déposent çà et là, les castors rapportent des branches de sapin qu'ils accrochent un peu partout, les mésanges les décorent avec des petites boules rouges de houx. Elles répandent ensuite sur les épines des plumes blanches de leurs copines colombes, pour faire comme s'il avait neigé. Un vrai conte de fées !

— Vas-y, Antonio, tu peux réveiller ton père, murmure Petipatapin.

— Papa, papa, dit le petit ours. Réveille-toi !

Alphonse ouvre un œil, puis un deuxième :

— Mais que se passe-t-il ? Je suis en train de rêver ? marmonne-t-il en se frottant les yeux.

— Non, tu es chez toi, papa ! Nous avons tout décoré ! Pour Noël !

Alphonse est ému. Il prend son petit ours dans ses bras et le serre bien fort.

Antonio est heureux, mais il continue de se demander : pourquoi son papa n’aime-t-il pas Noël ?

11
DÉCEMBRE

Mon beau Sapin
Noisettes caramélisées
- noisettes
- sucre en poudre
- beurre
- eau
- sel

LA DISPUTE

Alphonse se rétablit petit à petit. Il peut maintenant sortir de chez lui ! Il attrape son grand bâton et part avec Antonio pour une petite promenade dans la forêt.

Dehors, il fait très froid, mais un grand soleil les réchauffe.

— Dis, papa, pourquoi tu n’aimes pas Noël ?

— Ça, c’est une longue histoire, mon petit…

Avant qu’Alphonse puisse continuer, ils entendent du bruit. Un sacré grabuge, même !

Plus loin, deux loutres sont en train de se bagarrer, tirant la même branche dans un sens puis dans l’autre.

— C'est lui, il m'a pris toutes mes branches pour ma couronne de Noël !

— Non, c'est lui, je les avais vues avant ! Elles sont à moi !

— Holà, dit Alphonse. On se calme ! Nous allons chercher d'autres branches et, ainsi, chacun pourra faire sa couronne ! Vous n'allez pas me dire qu'il n'y a pas assez d'arbres dans cette forêt pour que tout le monde soit content !

Les loutres et les ours se mettent à la recherche de belles branches bien fournies.

Et chacun peut alors réaliser sa couronne, même les ours !

Quand ils rentrent chez eux, ils sont tout fiers de pouvoir la mettre sur leur porte. Antonio n'ose rien dire, mais on dirait bien que son père n'est plus aussi hostile à Noël…

12 DÉCEMBRE

Mon beau Sapin
Noisettes caramélisées
- noisettes
- sucre en poudre
- beurre
- eau
- sel

LA RECETTE D'IRÈNE

Le lendemain, Alphonse est réveillé aux aurores. Il ouvre un œil, mécontent :

— Mais enfin, on ne peut pas dormir tranquille ici ! crie-t-il en descendant de son lit.

Il met le nez dehors pour voir ce qui se passe.

— Pourquoi tout ce vacarme ? demande-t-il à un putois qui passe en courant.

— C'est la journée des pâtes de fruits ! Il faut commencer tôt et aller vite, parce qu'elles se cuisinent en une seule journée, sinon c'est raté.

— Une « journée pâtes de fruits », on aura tout entendu ! râle-t-il en retournant se coucher.

Mais bientôt le bruit vient de sa propre maison. L'ours sort à nouveau de son lit.

— Mais enfin, toi aussi tu fais des pâtes de fruits ? demande-t-il à sa femme.

— Évidemment, comme tous les ans, répond Irène. Toi, tu restes toujours dans ton coin, tu ne peux pas savoir ! Et tiens, d'ailleurs, tu vas m'aider. Épluche ces coings, je vais chercher du sucre.

Alphonse se retrouve donc à éplucher des coings avec Antonio.

— C'est dur, ces trucs-là ! bougonne-t-il.

— Oui mais regarde, propose Antonio, on peut essayer de faire une seule grande épluchure qui tourne comme un serpentin. Attention, il ne faut pas qu'elle se casse !

Alphonse se prend au jeu. Et le voilà avec la plus grande épluchure de coing de la tablée. Il est heureux, il a gagné !

Les pâtes de fruits de Noël vont être bien bonnes cette année !

13
DÉCEMBRE

Mon beau Sapin
Noisettes caramélisées
- noisettes
- sucre en poudre
- beurre
- eau
- sel

ALPHONSE SE JOINT À LA FÊTE !

Aujourd'hui, les animaux doivent décorer toute la forêt !

Dès l'aurore, chacun sait ce qu'il a à faire.

L'ours passe d'un atelier à l'autre, les pattes dans le dos. C'est vrai que la forêt devient jolie !

Et pour une fois qu'il est dans les parages… Il a envie de participer sans oser l'avouer. On ne comprendrait pas qu'il ait changé d'avis !

Mais les animaux sont plus malins que lui.

— Tiens, Alphonse, tu ne voudrais pas me tenir cette ficelle, s'il te plaît, pour que je fasse une guirlande ?

L’ours est tout content. Le voilà qui tient la ficelle entre ses pattes tandis que l’écureuil y attache des petites pommes de pin dorées.

— Merci, Alphonse, c’est parfait !

L’ours s’en va fièrement, ravi d’avoir été utile !

Il s'approche des enfants, qui sont en train de peindre des boules de Noël en bois taillées par les castors, polies par les hérissons.

L'air de rien, Alphonse s'installe, saisit une boule et un pinceau, le trempe dans la peinture rouge et peint avec application. Il rajoute ensuite des petites étoiles dorées par-dessus.

— Oh, elle est belle, ta boule de Noël, dit Antonio à son père.

— La tienne est encore plus jolie, mon fiston ! Elle sera magnifique dans le sapin !

14 DÉCEMBRE

Mon beau Sapin
Noisettes caramélisées
- noisettes
- sucre en poudre
- beurre
- eau
- sel

LE ROI DES FORÊTS

Mais le sapin, justement ?

Les castors sont dépités : ils n’ont toujours pas trouvé l’arbre parfait !

Alphonse, qui a envie d’aider, décide de prendre les choses en main.

— Venez, les amis, nous allons trouver le plus beau sapin de toute la forêt. En avant !

Et Alphonse, suivi de tous les enfants, ouvre la marche dans la forêt. Le premier sapin qu'il aperçoit n'est pas plus haut que lui, il continue d'avancer. Le deuxième est tout jaune et déplumé, ça ne va pas non plus. Le troisième est bien grand, mais ses branches sont emmêlées à celles d'un cyprès.

Enfin, après une heure de recherche, Alphonse s'arrête devant un immense arbre, droit et majestueux.

— Le voici, notre roi des sapins ! On va le déplacer avec ses racines, et on reviendra le replanter au même endroit après Noël. C'est parti !

Décidément, Alphonse est très motivé désormais !

Et une et deux, il creuse autour de l'arbre avec les taupes pour dégager les racines. Et trois et quatre, il sort le sapin de terre avec les castors. Et cinq et six, il le charge sur son dos à l'aide des sangliers. Et sept et huit, il transporte le sapin jusqu'à la clairière sans s'arrêter !

On replante l'arbre, on le contemple, on l'admire.

— Quel beau sapin, dit Alphonse, fatigué mais heureux. Un vrai roi de la forêt !

15
DÉCEMBRE

Mon beau Sapin
Noisettes caramélisées
- noisettes
- sucre en poudre
- beurre
- eau
- sel

UNE BALADE IDÉALE

Ce matin, Irène s'agite beaucoup. Elle va et vient partout, on dirait une mouche prisonnière dans une maison fermée.

— Mais qu'as-tu donc, ma chérie ? demande Alphonse, inquiet.

— Il y a que je suis responsable des gâteaux au miel pour le repas de Noël, et que je crois que j'ai épuisé toutes nos réserves : je ne trouve plus un seul pot, j'ai cherché dans toute la maison !

— Ah, mais il suffisait de demander ! Antonio et moi allons nous en occuper, n'est-ce pas, fiston ?

Le petit ours opine du chef, trop content de passer du temps avec son père. Ils se mettent en route à la recherche de miel frais. Ils marchent plusieurs heures sans s'arrêter. Si longtemps que bientôt, la nuit se met à tomber…

— Regarde, c'est là ! crie soudain Alphonse. J'ai retrouvé l'essaim que je cherchais, il n'a pas bougé !

Les deux ours grimpent sur le tronc. Quand ils arrivent au sommet, il fait tout à fait noir.

— Nous ne voyons pas plus loin que le bout de notre museau, petit ours. Je crois que nous allons dormir dans cet arbre et attendre que le jour se lève pour prendre notre miel. Là, nous ne savons pas où nous mettons les pattes, c'est trop risqué !

Une nuit à la belle étoile dans un arbre avec son papa, Antonio ne pouvait pas rêver mieux !

16 DÉCEMBRE

Mon beau Sapin
Noisettes caramélisées
- noisettes
- sucre en poudre
- beurre
- eau
- sel

LA RUSE DES RENARDS

Le lendemain matin, les deux ours sont réveillés par une étrange conversation :

— Je te dis que j'ai tout vu : chez les écureuils, il y a deux sacs remplis de noisettes caramélisées !

Alphonse fait signe à son fils de ne pas bouger ni parler. Deux renards fourbes sont en bas de l'arbre et préparent un mauvais coup !

— J'ai vu aussi que chez les ours, ils stockent des pâtes de fruits ! répond l'autre en se pourléchant les babines.

— Oh là là, j'adore les pâtes de fruits ! On va tout manger !

— Et je suis sûr qu'on trouvera d'autres bonnes choses quand on y sera !

— On va tout leur voler et on va se régaler !

Et les deux compères se tapent dans la patte avant de s'éloigner.

— Quoi ? s'écrie Alphonse. Ils veulent voler toutes nos provisions de Noël ! C'est hors de question, on ne va pas se laisser faire !

Ah ça non, ils ne vont pas se laisser faire !

Seulement voilà, il leur faut être plus malins que ces deux renards, et plus discrets. Les deux ours descendent de leur perchoir, puis ils courent à perdre haleine jusqu'à la maison.

— Mais que vous arrive-t-il ? s'alarme Irène en les voyant arriver à bout de souffle. Et mon miel ?

— On a d'autres priorités, déclare gravement Alphonse. Le Noël de la forêt est en danger !

17
DÉCEMBRE

Mon beau Sapin
Noisettes caramélisées
- noisettes
- sucre en poudre
- beurre
- eau
-sel

— Qu'allons-nous faire ? demande Roger. On ne va pas se laisser dépouiller sans réagir, quand même !

— Je crois que j'ai une idée..., déclare alors Alphonse avec un air mystérieux.

18 DÉCEMBRE

Mon beau Sapi
- noisettes
- sucre en poudre
- beurre
- eau
- sel

CHACUN À SON POSTE !

Quel ramdam dans la forêt !

Chacun accomplit sa mission : les taupes sont chargées de creuser de nouvelles galeries pour y cacher les provisions de Noël, les castors et les termites évident des troncs d'arbres pour créer d'autres cachettes.

Mais le plus important, c'est la réalisation du piège : il faut creuser un grand trou à l'entrée de la clairière. Tous les animaux aident à déplacer la terre.

À la nuit tombée, tout le monde est prêt, à son poste, silencieux.

Soudain, les deux compères arrivent, discrètement, se faufilant comme des serpents, sans un bruit, sans un souffle.

Mais Tibou les a repérés.

— Houhou hou ! lance-t-il une première fois.

Chacun se tient prêt...

— Houhou houhou ! lance-t-il alors.

Chacun attrape sa corde...

— Houhou houhouhou ! lance-t-il enfin.

Et chacun tire sur sa corde !

Aussitôt, le grand tapis de mousse qui couvre le trou glisse comme une nappe qui tomberait d'une table. Les renards sentent le sol se dérober sous leurs pattes et, patatras ! ils tombent dans le piège et s'écrasent au fond du trou.

Alphonse et tous les animaux de la forêt se penchent au-dessus d'eux :

— Alors, les grands malins ? On comptait nous voler notre repas de Noël ?

Les deux renards baissent la tête : ils ont été démasqués !

19 DÉCEMBRE

Mon beau Sapi
- noisettes
- sucre en poudre
- beurre
- eau
- sel

FAUTE AVOUÉE, À MOITIÉ PARDONNÉE ?

Les renards ont passé une nuit atroce.

Ils ont des bleus et des bosses partout. L'un a même si mal qu'il pense que sa patte est cassée.

— S'il vous plaît, supplie un des renards, nous pourrions avoir un peu d'eau ?

— Et puis quoi encore ! répond Alphonse. Vous n'aurez rien du tout ! Vous allez hiberner ici, et vous serez privés de Noël. Et ce sera bien fait pour vous !

Patapin tape sur la patte de l'ours.

— Ce que tu dis n'est pas vraiment dans l'esprit de Noël, Alphonse. Ils ont été assez punis, tu ne crois pas ?

— Je me méfie d’eux, répond l’ours bougon. Si on les aide et qu’on les sort de là, ils vont recommencer.

— On ne va quand même pas fêter Noël dans la clairière en les laissant comme ça dans leur trou ! s’exclame le hibou.

Alphonse réfléchit. Effectivement, il semble difficile de s’amuser à côté de deux animaux prisonniers.

À ce moment-là, Antonio se glisse vers son père :

— Papa, j'ai vu le renardeau, qui est un de mes bons copains. Il est tout triste pour son papa. Il ne peut pas rester sans lui pour Noël ! Allez, s'il te plaît ?

Alphonse se penche au-dessus du trou. Les deux renards sont tout penauds.

— Bon, les deux malins, on va vous sortir d'ici. Mais, je vous préviens, vous avez intérêt à vous tenir à carreau !

— Promis, jurent les deux voleurs. Nous arrêtons nos bêtises.

20
DÉCEMBRE

Mon beau Sap
Noisettes caramélisées
- noisettes
- sucre en poudre
- beurre
- eau
- sel

LES DERNIERS PRÉPARATIFS

Enfin, les préparatifs de Noël peuvent reprendre !

On a étalé toutes les friandises sur une grande table au milieu de la clairière pour voir s'il y en a assez. Roger le sanglier passe par là.

— C'est pas mal du tout, mais où est mon cake aux truffes ?

Prune, la maman lapin, se donne un coup de patte sur le front. Mince, elle a oublié le dessert de Roger ! Le pauvre, c'est son plat préféré !

— Oui oui, bien sûr, Roger, nous avons tout prévu, ne t'inquiète pas.

Roger s'en va, tout content.

— Les enfants, dit-elle tout bas, j'ai besoin de votre aide. Il faut absolument que vous me trouviez des truffes pour le cake de Roger. Elles sont en général au pied des chênes verts.

Tous les enfants se mettent en route, Tiroger en tête, qui veut faire plaisir à son papa ! Ils reniflent partout, mais les truffes sont si bien cachées qu'après quelques heures de recherche les paniers sont vides.

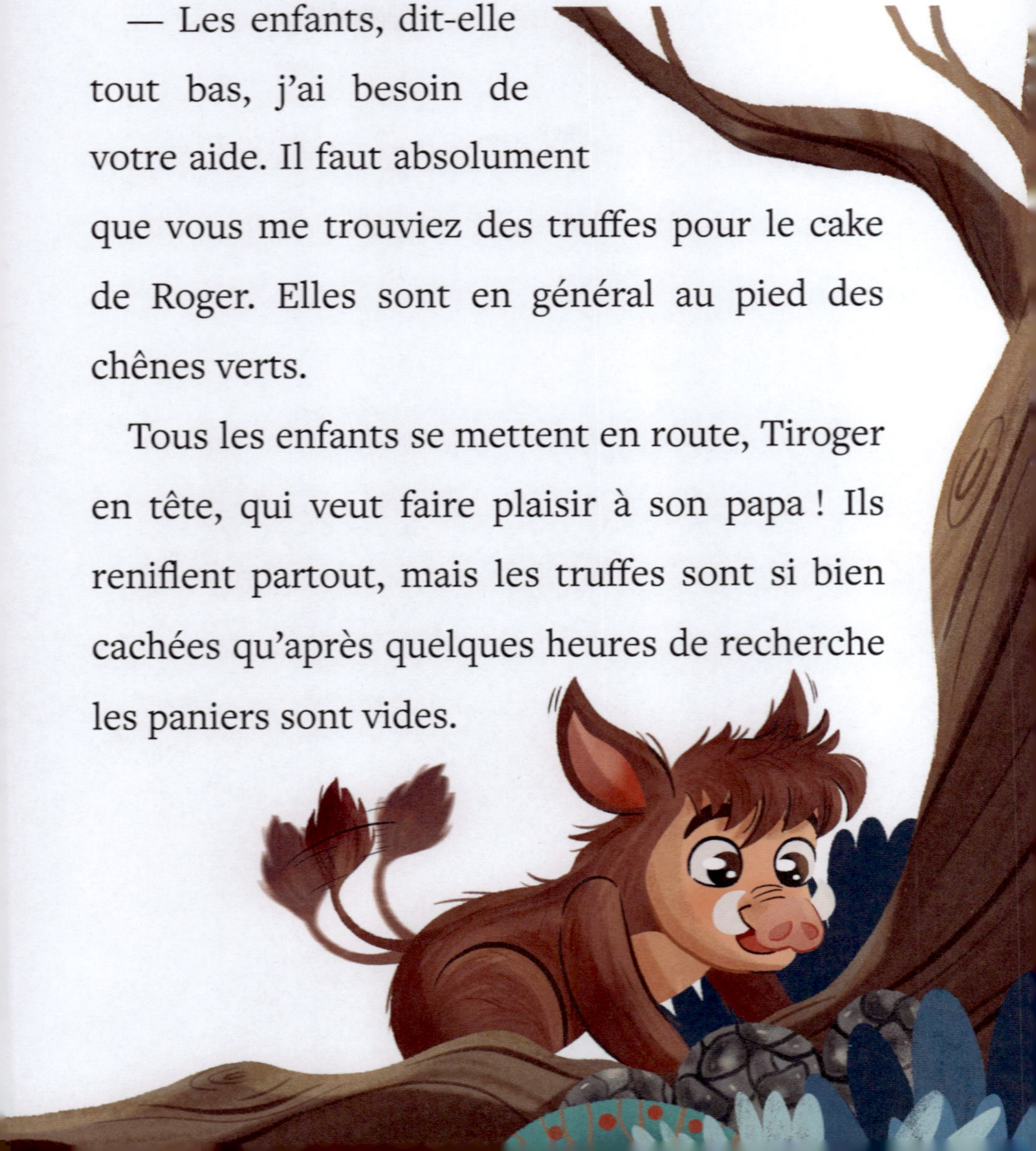

Heureusement, Alphonse rejoint les enfants et propose ses services !

Avec son grand museau, il se met à quatre pattes et cherche les truffes mieux qu'un cochon.

— Qui veut ma belle truffe ? crie-t-il en collant le champignon qu'il vient de dégoter près de son museau.

Les enfants rient. Et l'ours rit aussi.

Qui aurait cru qu'Alphonse soit si heureux de participer aux préparatifs de Noël ?

21
DÉCEMBRE

Mon beau Sapin
Noisettes caramélisées
- noisettes
- sucre en poudre
- beurre
- eau
- sel

LES CADEAUX DES PETITS ANIMAUX

Antonio, Petipatapin et Tiroger sont en route pour aller faire de la luge.

— Petipatapin, je voudrais te demander quelque chose, mais…

— Oui, vas-y, n’hésite pas ! dit son ami.

— Voilà. Je voudrais offrir un cadeau en plus de celui du Père Noël à mon père, pour qu'il aime définitivement Noël ! Qu'il adore, même ! Est-ce que tu penses que c'est une bonne idée ?

— C'est génial ! répond le petit lapin.

— Ah, merci ! Le problème, c'est que je ne sais pas trop quoi lui offrir...

— On n'a qu'à demander aux copains, propose Petipatapin. À plusieurs, on a toujours plus d'idées !

Les petits animaux s’assoient sur leur luge en haut de la pente.

— Une belle brosse ! propose Tiroger, dont le père est toujours ébouriffé.

— Une loupe, lance le petit hibou, dont le père est myope.

— Un bouquet de fleurs en papier, dit Piou, dont le père adore les fleurs.

Tous ces cadeaux sont super, mais pas pour Alphonse...

À la fin de l'après-midi, après dix descentes et dix remontées, deux batailles de boules de neige et des fous rires à n'en plus finir, la recherche n'a pas avancé. Antonio rentre chez lui, découragé.

— Qu'as-tu, mon petit ours ? demande sa maman.

Antonio lui explique son problème.

— Ne t'inquiète pas, mon chéri, moi je sais ce que tu peux lui offrir...

22 DÉCEMBRE

Mon beau Sapi
Noisettes caramélisées
- noisettes
- sucre en poudre
- beurre
- eau
-sel

ÇA BRILLE !

C'est bon, Antonio a un cadeau de Noël pour son père !

Les préparatifs sont presque terminés, mais il y a un dernier atelier pour que tout soit parfait : la fabrique des lampions de Noël.

Les enfants commencent par découper des carrés de papier coloré.

— Tibou, tu coupes de travers !

— J'ai oublié de mettre mes lunettes !

— Laisse, je m'en occupe, propose Antonio.

Petipatapin, quant à lui, fixe les papiers colorés sur des petits carrés en bois confectionnés par les castors.

Piou allume une à une les bougies fabriquées avec la cire des abeilles. Chacun s'exclame devant la féerie du sapin illuminé.

— Que c'est beau !

— Vous ne trouvez pas qu'il manque quelque chose ? entendent soudain les enfants.

C'est Alphonse qui bougonne, comme au bon vieux temps.

— L'étoile, dit Tibou, il manque l'étoile !

— Je vous propose qu'on la mette en haut du sapin tous ensemble, dit Alphonse. Faisons une pyramide d'animaux géante !

Alphonse se place à la base. Le sanglier grimpe sur lui, puis la biche, le castor, la loutre, le lapin, la taupe, l'écureuil, le hibou, la souris, la petite mésange et finalement la fourmi, qui accroche l'étoile en haut du sapin avec ses toutes petites pattes.

Voilà, désormais, la forêt est prête pour Noël !

23
DÉCEMBRE

Mon beau Sapin
Noisettes caramélisées
- noisettes
- sucre en poudre
- beurre
- eau
- sel

DES INVITÉS INATTENDUS

L'agitation dans la grande forêt est à son comble.

Les enfants courent partout et crient :

— C'est demain Noël, c'est demain !

Au milieu de cette excitation générale, on entend soudain le hibou hululer.

— Renards en approche, attention, renards détectés.

Effectivement, les deux renards voleurs s’avancent à pas de loup vers la clairière. Les animaux les encerclent et leur jettent des regards suspicieux.

— Que faites-vous ici ? leur lance Alphonse d’un air menaçant.

— Nous... nous..., hésite le premier renard.

— Nous... avons apporté quelque chose pour Noël, murmure le deuxième renard. Pour... nous faire pardonner.

Et il tend une petite statuette de glace qui représente un ange délicat.

— Et nous ne l’avons volée à personne, promis juré ! ajoute le deuxième renard.

Alphonse prend l’ange entre ses deux grosses pattes.

— C’est du très beau travail ! Bravo !

— C’est mon frère, c’est un artiste, murmure le premier renard.

— Venez donc fêter Noël avec nous demain ! propose Patapin.

— Noël est la fête de tous ! confirme Alphonse. Vous savez, quand j’étais petit, je n’ai jamais participé à tout ça, à cause de l’hibernation. Alors je n’ai jamais appris à aimer Noël. Mais cette année, personne ne sera oublié ! Nous vous attendons demain pour la plus belle fête de l’année !

24 DÉCEMBRE

Mon beau

LE PLUS BEAU DES NOËLS

Le jour de Noël est enfin arrivé !

Tous les animaux se sont faits beaux. Ils ont lustré leurs poils et leurs plumes, ils se sont lavés et parfumés au miel, ils sont prêts pour la fête !

Dans la grande clairière, sous le sapin magnifique, ils entonnent un chant de Noël tous en chœur, sans une seule fausse note. Les renards sont là aussi.

Sur la grande table s'étalent noisettes caramélisées, pâtes de fruits, cake aux truffes, pièces montées de petits choux, fruits confits... On ne voit plus un centimètre de nappe tant il y a à manger !

Chacun commence le festin.

— Je n'ai jamais rien mangé d'aussi bon ni vu un Noël si réussi ! déclare Patapin, la bouche pleine de pâte à choux.

Antonio s'approche alors de son père et lui tend son cadeau, bien emballé dans une grande feuille de laurier.

— Joyeux Noël, papa !

Alphonse ouvre son paquet avec précaution. À l'intérieur, il y a une petite boîte en bois de noisetier.

— C'est une boîte à bisous, explique le petit ours. J'en ai mis 24 dedans, comme le nombre de jours qu'il a fallu pour te faire aimer Noël. À chaque fois que tu l'ouvriras, tu recevras un bisou sur la joue.

Alphonse essuie une petite larme de joie qui coule de son œil.

— Merci, mon loulou. Et merci à tous. Je crois que maintenant, j'aime tellement Noël que nous commencerons à l'organiser dès la fin de l'été !

Noël est ma fête préférée depuis toute petite. C'est mieux qu'un anniversaire car tout le monde est gâté en même temps !

Noël se prépare chez moi longtemps à l'avance. Il faut chercher à faire plaisir à tout le monde. Alors que ce livre-calendrier de l'Avent participe également de cette joyeuse préparation de Noël pour vous !

CLAIRE RENAUD

Quand je pense à Noël, je pense d'abord à ma famille, aux chocolats chauds devant un film, à la décoration du sapin, aux biscuits en forme de bonhomme de neige, aux enfants et à leur sourire...

J'espère que la lecture de cette histoire vous donnera autant de bonheur que j'en ai reçu en la dessinant !

MARGAUX MOINEAU

À chaque âge son roman de l'Avent !

Mon premier ROMAN DE L'AVENT

MON ROMAN DE L'AVENT

ROMAN DE L'AVENT

avec des énigmes

ROMANCE DE L'AVENT

Collector